BOUDDHA BOWLS

LA CUISINE SANS BLA BLA

BOUDDHA BOWLS

LAROUSSE

SOMMAIRE

BOWLS À LA VIANDE

BOWLS AU POISSON

BOWLS VÉGÉTARIENS

BOWLS SUCRÉS

INDEX

PETIT BLA BLA...

PARCE QUE NOS VIES TRÉPIDANTES NE NOUS PERMETTENT PAS DE PERDRE DU TEMPS EN CUISINE, NOUS VOUS OFFRONS 65 RECETTES DE BOUDDHA BOWLS, À SAISIR EN UN CLIN D'ŒIL !

Vous avez envie de manger sain mais pas le temps de déchiffrer 25 lignes de recettes ? Vous voulez bien acheter du sarrasin ou des graines de chia, mais n'avez aucune idée de ce à quoi cela peut bien ressembler ? Vous appréciez la cuisine healthy et gourmande, mais l'idée de passer des heures en cuisine vous refroidit à chaque fois ? Et si vous testiez les bouddha bowls, ces petits plats complets composés d'une base de féculents, de viande, de poisson et/ou d'une ribambelle de légumes vitaminés ?

Découvrez vite 65 recettes de bouddha bowls instinctives à comprendre et 100 % saines, de quoi composer des repas simples et complets pour vous régaler au quotidien ! Ici vous ne trouverez que l'essentiel : faites cuire votre base en suivant les indications du paquet, additionnez les + et suivez les flèches pour préparer les autres ingrédients ; aussi sûr que 1 + 1 font 2, ces 65 recettes et vous allez faire des merveilles !

LA FORMULE EST SIMPLE : suivez les images, vous obtiendrez le bowl : bienvenue dans la cuisine de la simplicité !

01 FAÇON BIBIMBAP

au poulet et légumes

2 filets de poulet

\+

1 c. à soupe de miel

\+

4 c. à soupe de sauce soja salée

→

Faire dorer

½ carotte

→

Faire sauter

200 g de pousses d'épinards

→

Faire sauter dans la même poêle

1 verre de riz à sushi cuit

\+

2 jaunes d'œufs

\+

Quelques graines de sésame noir

→

Répartir dans 2 bols

POUR 2 PERSONNES
PRÉPARATION : 10 MIN
CUISSON : 15 MIN

- 2 filets de poulet
- 1 c. à soupe de miel
- 4 c. à soupe de sauce soja salée
- ½ carotte
- 200 g de pousses d'épinards
- 1 verre de riz à sushi cuit
- 2 jaunes d'œufs
- Quelques graines de sésame noir

02 POULET MARINÉ,
asperges et épeautre

2 bottes d'asperges vertes → À l'eau bouillante

4 c. à soupe d'huile d'olive + 4 filets de poulet + Le jus de 2 citrons → À feu vif, 3 min de chaque côté

3 verres d'épeautre cuit + Le zeste de 1 citron + Quelques feuilles de persil → Répartir dans 4 bols

POUR 4 PERSONNES
PRÉPARATION : 15 MIN
CUISSON : 11 MIN

- 2 bottes d'asperges vertes
- 4 c. à soupé d'huile d'olive
- 4 filets de poulet
- 2 citrons
- 3 verres d'épeautre cuit
- Quelques feuilles de persil

03 POULET, QUINOA,
avocat, citron et épinards

350 g de quinoa tricolore cuit + 2 poignées de pousses d'épinards + 2 c. à soupe d'huile d'olive →

150 g de filet de poulet + 1 c. à soupe d'huile d'olive + Faire revenir

½ avocat + Quelques brins de coriandre → Écraser

6 tomates cerises + 2 c. à café de crème fraîche épaisse + 1 rondelle de citron → Répartir dans 2 bols

POUR 2 PERSONNES
PRÉPARATION : 10 MIN
CUISSON : 10 MIN

- 350 g de quinoa tricolore cuit
- 2 poignées de pousses d'épinards
- 3 c. à soupe d'huile d'olive
- 150 g de filet de poulet
- ½ avocat
- Quelques brins de coriandre
- 6 tomates cerises
- 2 c. à café de crème fraîche épaisse
- 1 rondelle de citron

04 POULET MARINÉ,

pois gourmands, épinards et radis

POUR 1 PERSONNE
PRÉPARATION : 10 MIN
CUISSON : 10 MIN

- 2 aiguillettes de poulet
- 1 c. à café de cumin
- 1 c. à café + 2 c. à soupe d'huile d'olive
- 1 poignée de pois gourmands
- 250 g de quinoa cuit
- 1 poignée de pousses d'épinards
- 4 radis
- 30 g de noix de cajou
- Quelques brins de coriandre
- Le jus de 1 citron

05 DINDE, PICKLES
et champignons

POUR 4 PERSONNES
PRÉPARATION : 10 MIN
MARINADE : 1 H
CUISSON : 5 MIN

- 10 radis
- 1 citron
- 2 c. à soupe de vinaigre de cidre
- 2 c. à soupe de miel
- 4 filets de dinde
- 2 c. à soupe d'huile d'olive
- 12 champignons de Paris
- 4 échalotes
- 8 c. à soupe de yaourt à la grecque
- 4 brins de ciboulette
- 2 poignées de roquette

06 FAÇON COBB
salad

150 g de filet de poulet + 1 c. à soupe d'huile d'olive → Faire revenir

1 petit poivron rouge + ½ courgette + 1 c. à soupe d'huile d'olive + Faire revenir

1 avocat + Le jus de ½ citron → Écraser

300 g de riz basmati cuit + 60 g de roquefort + 6 tomates cerises + 10 noix → Répartir dans 2 bols

POUR 2 PERSONNES
PRÉPARATION ; 10 MIN
CUISSON : 20 MIN

- 150 g de filet de poulet
- 2 c. à soupe d'huile d'olive
- 1 petit poivron rouge
- ½ courgette
- 1 avocat
- ½ citron
- 300 g de riz basmati cuit
- 60 g de roquefort
- 6 tomates cerises
- 10 noix

07 BROCHETTES DE POULET

aux cacahuètes, riz et concombre

POUR 2 PERSONNES
PRÉPARATION : 10 MIN
CUISSON : 15 MIN

- ½ concombre
- 2 c. à soupe de sauce soja salée
- 2 c. à soupe de cacahuètes salées
- 15 cl de lait de coco
- 2 c. à soupe de beurre de cacahuète
- 1 c. à soupe de cassonnade
- 2 filets de poulet
- 3 verres de riz basmati cuit
- 1 c. à soupe de pousses de soja
- Quelques brins de coriandre

08 POULET
et pois chiches à la harissa

1 c. à soupe de miel liquide + 1 c. à café de harissa + 3 cl d'eau + 5 cl d'huile d'olive → Mixer

2 filets de poulet + 1 c. à soupe d'huile d'olive → 3 MINUTES – Dorer à feu vif, de chaque côté → Trancher

400 g de pois chiches en bocal égouttés + 125 g de mesclun + ½ piment rouge doux + ½ botte de coriandre

Répartir dans 4 bols

POUR 4 PERSONNES
PRÉPARATION : 20 MIN
CUISSON : 6 MIN

- 1 c. à soupe de miel liquide
- 1 c. à café de harissa
- 5 cl + 1 c. à soupe d'huile d'olive
- 2 filets de poulet
- 400 g de pois chiches en bocal
- 125 g de mesclun
- ½ piment rouge doux
- ½ botte de coriandre

09 TANDOORI BOWL
au poulet

500 g de filets de poulet

\+

1 yaourt nature

\+

4 c. à soupe d'épices tandoori

\+

Le jus de 1 citron vert

→

Laisser mariner au frais

\+

2 courgettes

\+

250 g de tomates cerises

\+

1 filet d'huile d'olive

→

Plaque de cuisson

→

Enfourner à 200 °C, four chaud, en retournant à mi-cuisson

80 g de riz basmati cuit

\+

2 c. à café de curry en poudre

→

Répartir dans 4 bols

POUR 4 PERSONNES
PRÉPARATION : 15 MIN
MARINADE : 3 H
CUISSON : 15 MIN

- 500 g de filets de poulet
- 1 yaourt nature
- 4 c. à soupe d'épices tandoori
- 1 citron vert
- 2 courgettes
- 250 g de tomates cerises
- 1 filet d'huile d'olive
- 80 g de riz cuit
- 2 c. à café de curry en poudre

10 TATAKI DE BŒUF,
quinoa et pamplemousse

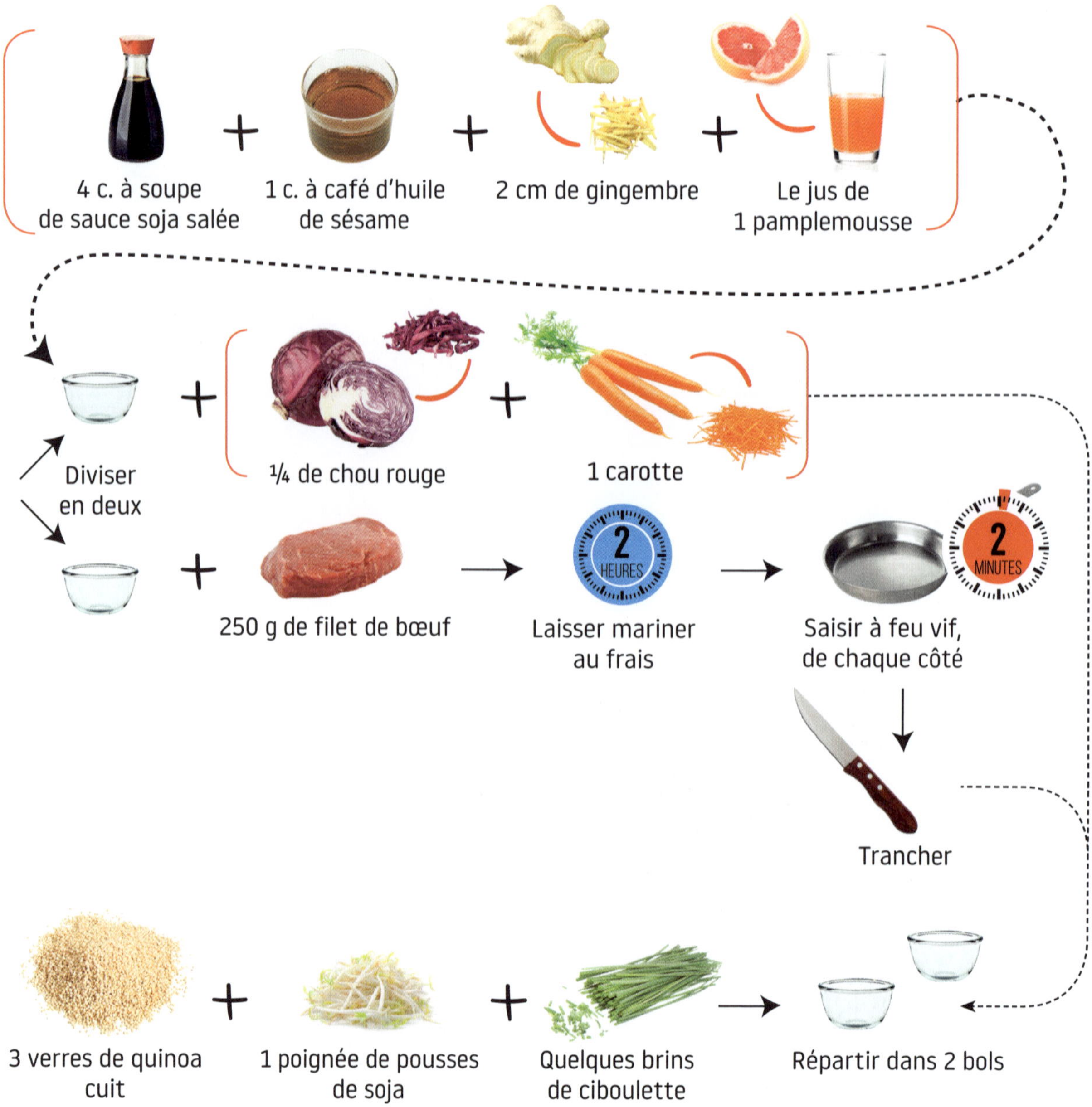

POUR 2 PERSONNES
PRÉPARATION : 15 MIN
MARINADE : 2 H
CUISSON : 4 MIN

- 4 c. à soupe de sauce soja salée
- 1 c. à café d'huile de sésame
- 2 cm de gingembre
- 1 pamplemousse
- ¼ de chou rouge
- 1 carotte
- 250 g de filet de bœuf
- 3 verres de quinoa cuit
- 1 poignée de pousses de soja
- Quelques brins de ciboulette

11 BOWL À L'ORIENTALE

au bœuf

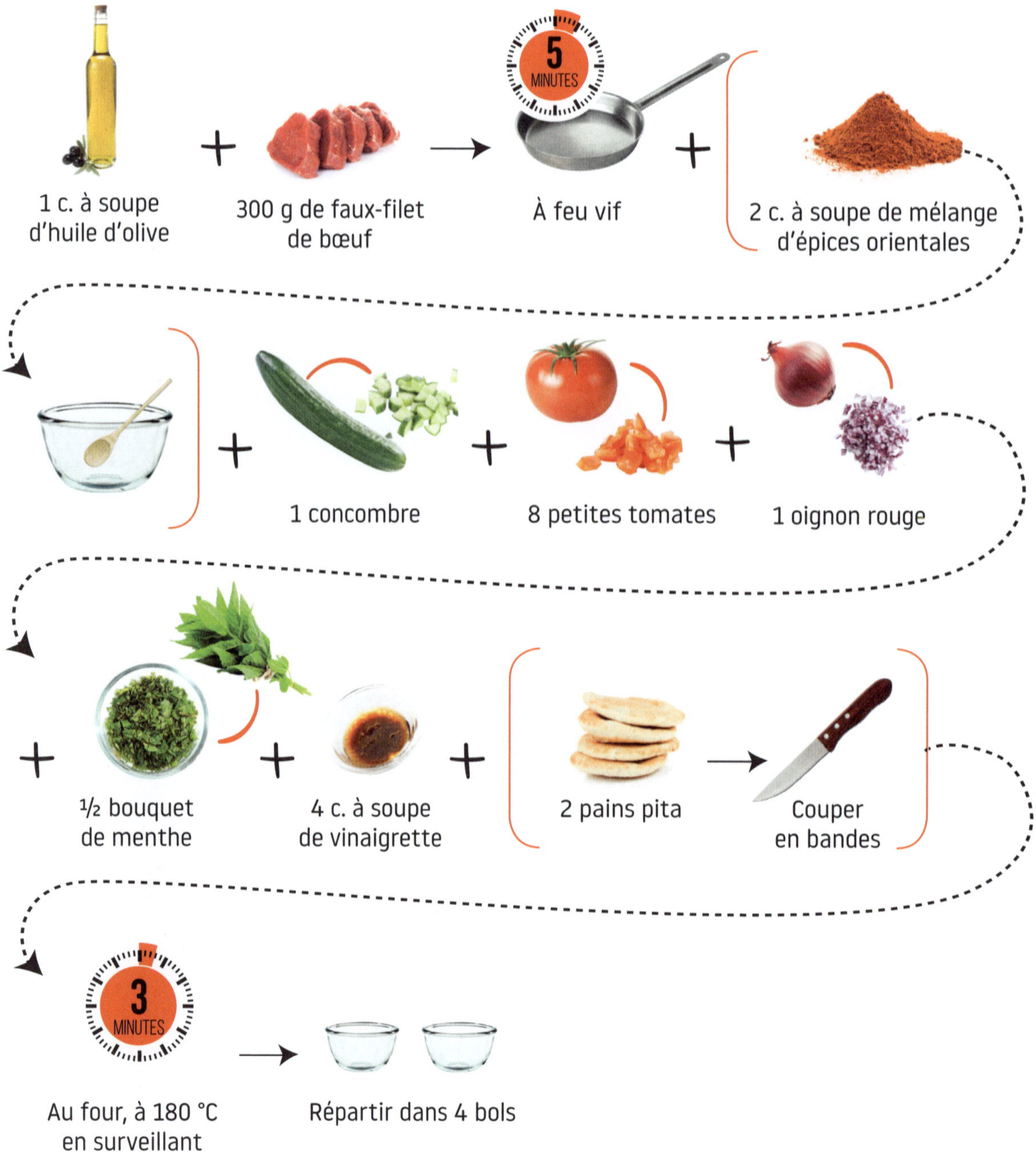

POUR 4 PERSONNES
PRÉPARATION : 20 MIN
CUISSON : 8 MIN

- 1 c. à soupe d'huile d'olive
- 300 g de faux-filet de bœuf
- 2 c. à soupe de mélange d'épices orientales
- 1 concombre
- 8 petites tomates
- 1 oignon rouge
- ½ bouquet de menthe
- 4 c. à soupe de vinaigrette
- 2 pains pita

12 BOULETTES DE BŒUF,

cèpes et quinoa

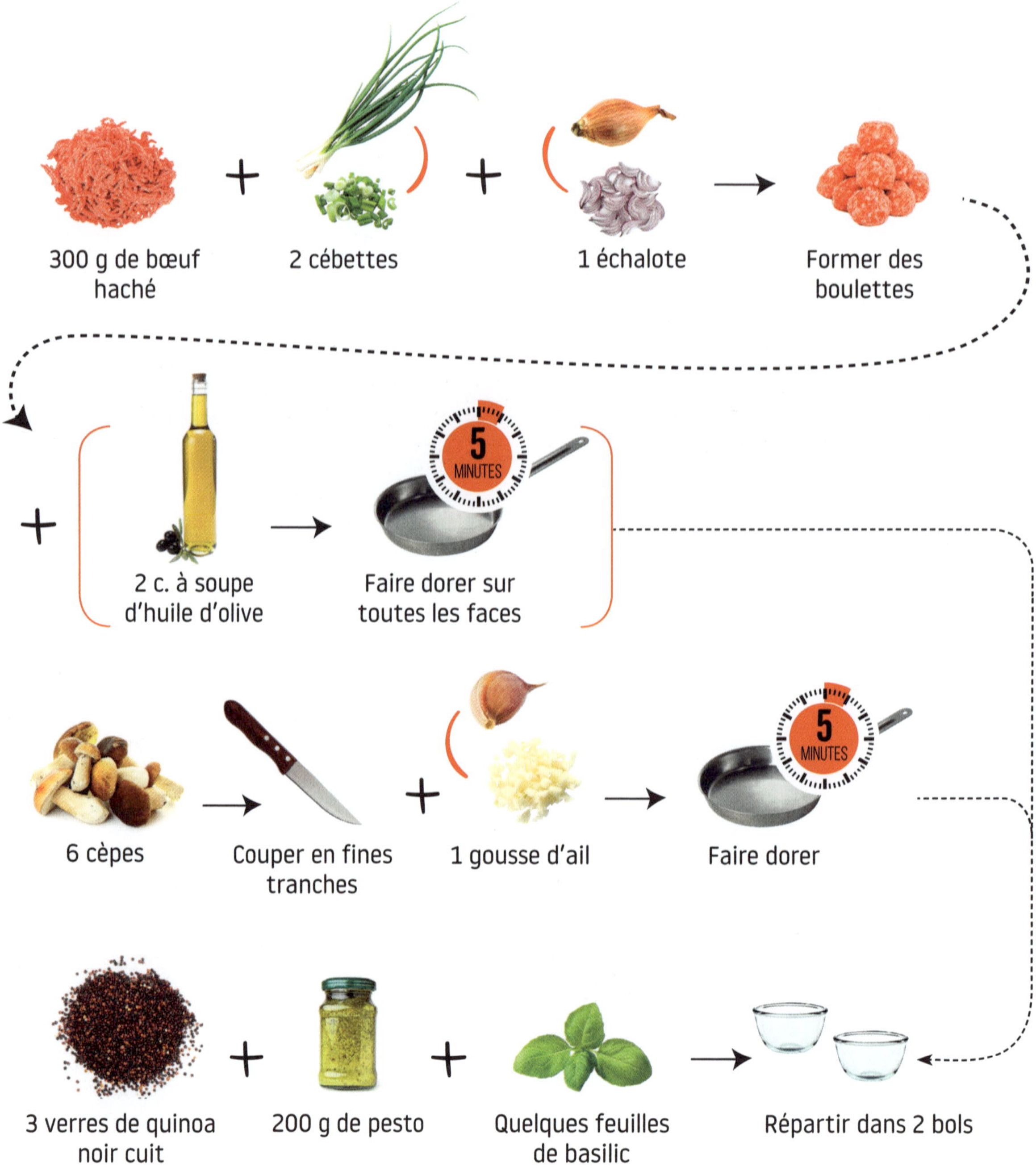

POUR 2 PERSONNES
PRÉPARATION : 20 MIN
CUISSON : 10 MIN

- 300 g de bœuf haché
- 2 cébettes
- 1 échalote
- 2 c. à soupe d'huile d'olive
- 6 cèpes
- 1 gousse d'ail
- 3 verres de quinoa noir cuit
- 200 g de pesto
- Quelques feuilles de basilic

13 FAÇON BIBIMBAP
au bœuf et légumes

3 c. à soupe de sauce soja salée
+

1 c. à soupe de nuoc-mâm
+

1 c. à soupe de sucre de canne
+

1 gousse d'ail

Porter à ébullition
+

400 g de filet de bœuf
→

Laisser mariner au frais
→

Saisir à feu vif, de chaque côté

150 g de pousses d'épinards
+

1 filet d'huile d'olive
→

Faire revenir

400 g de riz à sushi cuit
+

2 carottes
+

2 salades sucrines
+

150 g de pousses de soja

+

4 jaunes d'œufs
→

Répartir dans 4 bols

POUR 4 PERSONNES
PRÉPARATION : 20 MIN
MARINADE : 2 H
CUISSON : 4 MIN

- 3 c. à soupe de sauce soja salée
- 1 c. à soupe de sauce nuoc-mâm
- 1 c. à soupe de sucre de canne
- 1 gousse d'ail
- 400 g de filet de bœuf
- 150 g de pousses d'épinards
- 1 filet d'huile d'olive
- 400 g de riz à sushi cuit
- 2 carottes
- 2 salades sucrines
- 150 g de pousses de soja
- 4 jaunes d'œufs

14 FAÇON PAD THAÏ

au bœuf et crème d'avocat

POUR 4 PERSONNES
PRÉPARATION : 20 MIN
CUISSON : 8 MIN

- 2 citrons verts
- 1 c. à soupe de sucre
- 2 c. à soupe de sauce soja salée
- 600 g de filet de bœuf
- 1 c. à café d'huile neutre
- 200 g de pousses de soja
- 1 gros avocat
- 500 g de nouilles de riz larges
- 150 g de cacahuètes salées
- 1 bouquet de coriandre

15 CROQUETTES DE VEAU,
orge et légumes

300 g d'escalope de veau + Rouler dans 50 g de farine + Passer dans 1 œuf battu + Rouler dans 75 g de chapelure

+ 40 cl d'huile de friture → Faire frire + 3 verres d'orge perlé cuit + 10 tomates cerises

+ 1 courgette + 1 c. à soupe de graines de courge + 10 feuilles de basilic + 4 c. à soupe d'huile d'olive

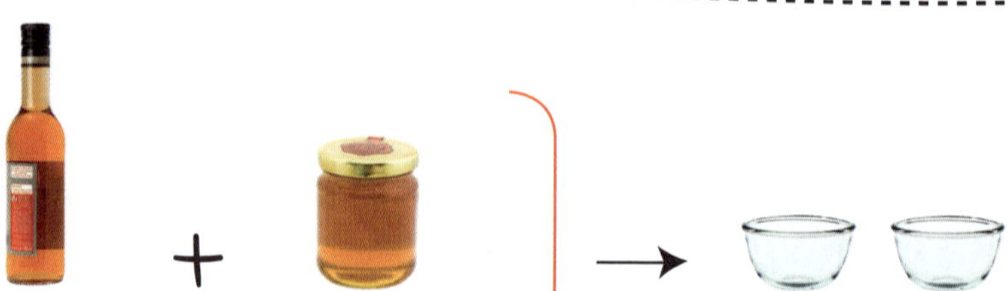

+ 1 c. à soupe de vinaigre de cidre + 1 c. à café de miel → Répartir dans 2 bols

POUR 2 PERSONNES
PRÉPARATION : 10 MIN
CUISSON : 5 MIN

- 300 g d'escalope de veau
- 50 g de farine
- 1 œuf battu
- 75 g de chapelure
- 40 cl d'huile de friture
- 3 verres d'orge perlé cuit
- 10 tomates cerises
- 1 courgette
- 1 c. à soupe de graines de courge
- 10 feuilles de basilic
- 4 c. à soupe d'huile d'olive
- 1 c. à soupe de vinaigre de cidre
- 1 c. à café de miel

16 FILET MIGNON,

chou-fleur, brocoli et sauce au yaourt

½ chou-fleur

\+

½ brocoli

\+

2 c. à soupe de paprika fumé

\+

2 c. à soupe d'huile d'olive

Plat de cuisson

→

Au four, à 180 °C

\+

300 g de filet mignon

\+

1 c. à soupe d'huile d'olive

Faire dorer à feu vif

→

Poursuivre la cuisson au four, avec les légumes

→

Trancher

\+

1 grosse poignée de mesclun

\+

100 g de yaourt à la grecque

\+

Paprika en poudre

\+

1 c. à café d'huile d'olive

\+

3 brins de persil

→

Répartir dans 2 bols

POUR 2 PERSONNES
PRÉPARATION : 15 MIN
CUISSON : 32 MIN

- ½ chou-fleur
- ½ brocoli
- 2 c. à soupe de paprika fumé
- 3 c. à soupe + 1 c. à café d'huile d'olive
- 300 g de filet mignon
- 1 grosse poignée de mesclun
- 100 g de yaourt à la grecque
- Paprika en poudre
- 3 brins de persil

17 BOULETTES D'AGNEAU,
aubergine et semoule

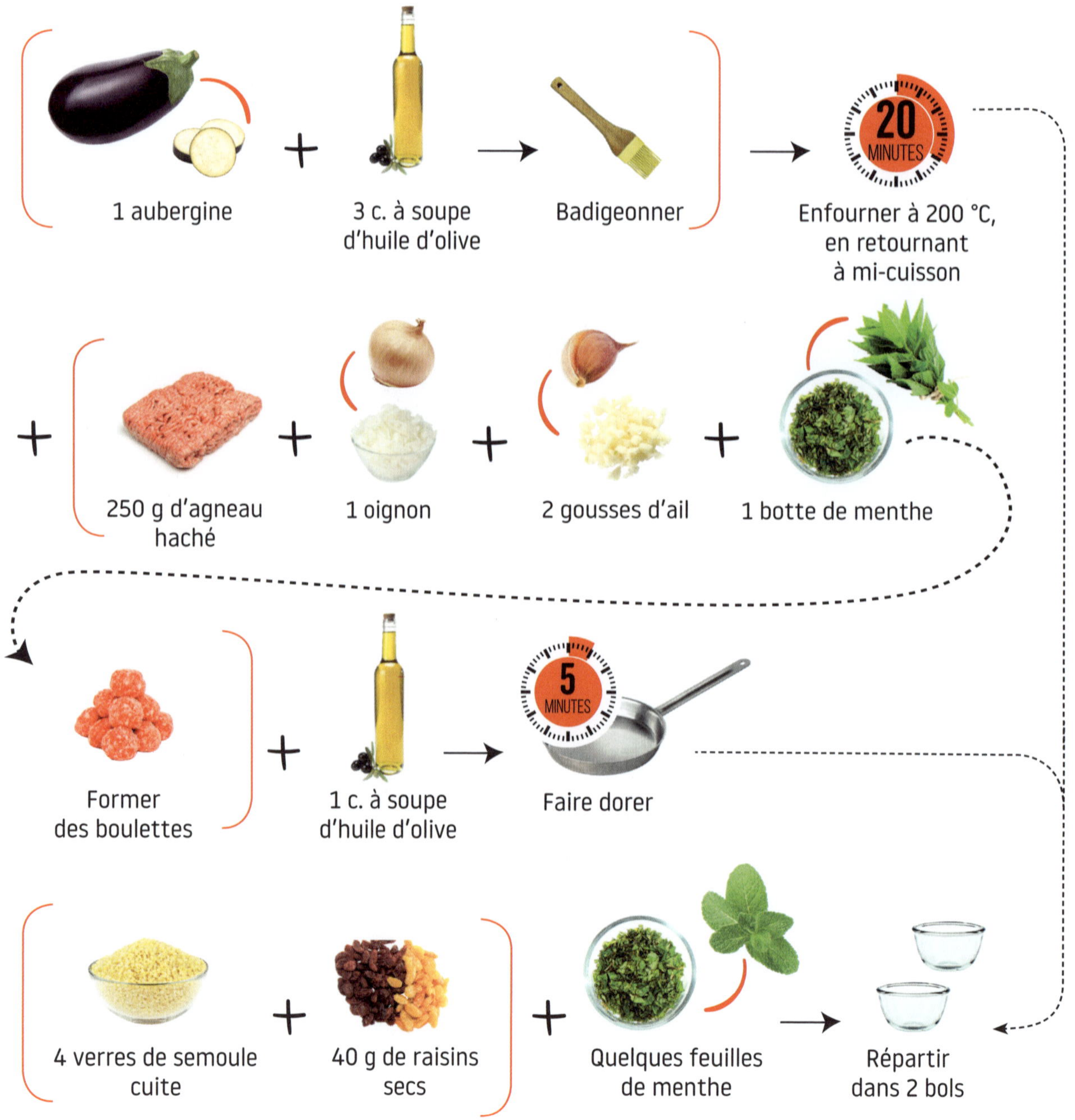

POUR 2 PERSONNES
PRÉPARATION : 20 MIN
CUISSON : 25 MIN

- 1 aubergine
- 4 c. à soupe d'huile d'olive
- 250 g d'agneau haché
- 1 oignon
- 2 gousses d'ail
- 1 botte + quelques feuilles de menthe
- 4 verres de semoule cuite
- 40 g de raisins secs

18 SAUMON MARINÉ,

chou rouge, ananas et edamame

2 pavés de saumon

\+

1 filet de jus de citron vert

\+

2 c. à soupe de sauce soja salée

→

Laisser mariner au frais

150 g de riz à sushi cuit

\+

2 c. à soupe de vinaigre de riz

→

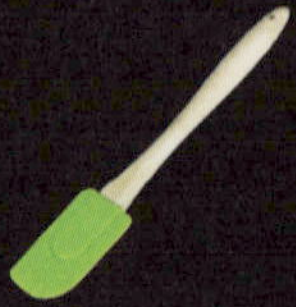
Mélanger délicatement

200 g d'edamame

→

Faire cuire à l'eau bouillante

¼ de chou rouge

\+

½ ananas

\+

1 c. à soupe de graines de sésame

→

Répartir dans 2 bols

POUR 2 PERSONNES
PRÉPARATION : 15 MIN
MARINADE : 1 H
CUISSON : 6 MIN

- 2 pavés de saumon
- 1 filet de jus de citron vert
- 2 c. à soupe de vinaigre de riz
- 2 c. à soupe de sauce soja salée
- 150 g de riz à sushi cuit
- 200 g d'edamame
- ¼ de chou rouge
- ½ ananas
- 1 c. à soupe de graines de sésame

19 TARTARE DE SAUMON,

crudités, riz blanc et avocat

POUR 4 PERSONNES
PRÉPARATION : 20 MIN

- 500 g de riz à sushi cuit
- 5 c. à soupe de vinaigre de riz
- 3 c. à soupe de sucre
- 1 c. à café de sel
- 650 g de pavés de saumon
- 2 avocats
- 150 g de champignons shiitaké
- 1 grosse carotte
- 1 concombre
- 1 c. à café de gingembre en poudre
- 6 c. à soupe de sauce soja salée
- 1 c. à soupe d'huile de sésame
- 2 c. à soupe de sucre
- 1 c. à soupe de graines de sésame noir et blanc

20 MI-CUIT DE SAUMON,

avocat et quinoa

500 g de pavé de saumon

\+

Rouler dans 4 c. à soupe de sésame doré

\+

2 c. à soupe de vinaigre balsamique

↓

Dorer sur toutes les faces à feu vif

2 verres de quinoa rouge cuit

\+

2 poignées de pourpier ou de mâche

2 avocats

\+

1 chou-rave

\+

Le jus de 1 citron

Répartir dans 4 bols

POUR 4 PERSONNES
PRÉPARATION : 15 MIN
CUISSON : 9 MIN

- 500 g de pavés de saumon
- 4 c. à soupe de graines de sésame doré
- 2 c. à soupe de vinaigre balsamique
- 2 verres de quinoa rouge cuit
- 2 poignées de pourpier ou de mâche
- 2 avocats
- 1 chou-rave
- Le jus de 1 citron

21 LENTILLES, SAUMON

fumé, œuf mollet et batavia

POUR 2 PERSONNES
PRÉPARATION : 10 MIN
CUISSON : 7 MIN

- 3 verres de lentilles cuites
- ½ échalote
- 3 c. à soupe de vinaigrette
- 3 tranches de saumon fumé
- Le jus de ½ citron
- 1 œuf
- 1 salade carmine
- 6 brins de ciboulette
- 2 c. à soupe de graines de lin

22 SAUMON, AUBERGINE
et crudités

1 aubergine

Faire cuire
à la vapeur

250 g de riz à sushi cuit

+

4 pavés de saumon

+

1 carotte

+

½ concombre

+

2 salades sucrines

+

150 g de pousses de soja

+

1 c. à café d'huile de sésame

+

1 c. à soupe de sauce soja salée

+

1 feuille de nori

+

Quelques graines de sésame

Répartir dans 4 bols

POUR 4 PERSONNES
PRÉPARATION : 15 MIN
CUISSON : 10 MIN

- 1 aubergine
- 250 g de riz à sushi cuit
- 4 pavés de saumon
- 1 carotte
- ½ concombre
- 2 salades sucrines
- 150 g de pousses de soja
- 1 c. à café d'huile de sésame
- 1 c. à soupe de sauce soja salée
- 1 feuille de nori
- Quelques graines de sésame

23 SAUMON FUMÉ,
riz rouge et fenouil

150 g de riz rouge cuit

+

2 petits fenouils

+

150 g de saumon fumé

+

Quelques brins d'aneth

1 c. à soupe de vinaigre de vin

+

2 c. à soupe de yaourt à la grecque

+

2 c. à soupe d'huile d'olive

Répartir dans 4 bols

POUR 4 PERSONNES

- 150 g de riz rouge cuit
- 2 petits fenouils
- 150 g de saumon fumé
- Quelques brins d'aneth
- 1 c. à soupe de vinaigre de vin
- 2 c. à soupe de yaourt à la grecque
- 2 c. à soupe d'huile d'olive

24 MI-CUIT DE THON,
pois gourmands et nouilles

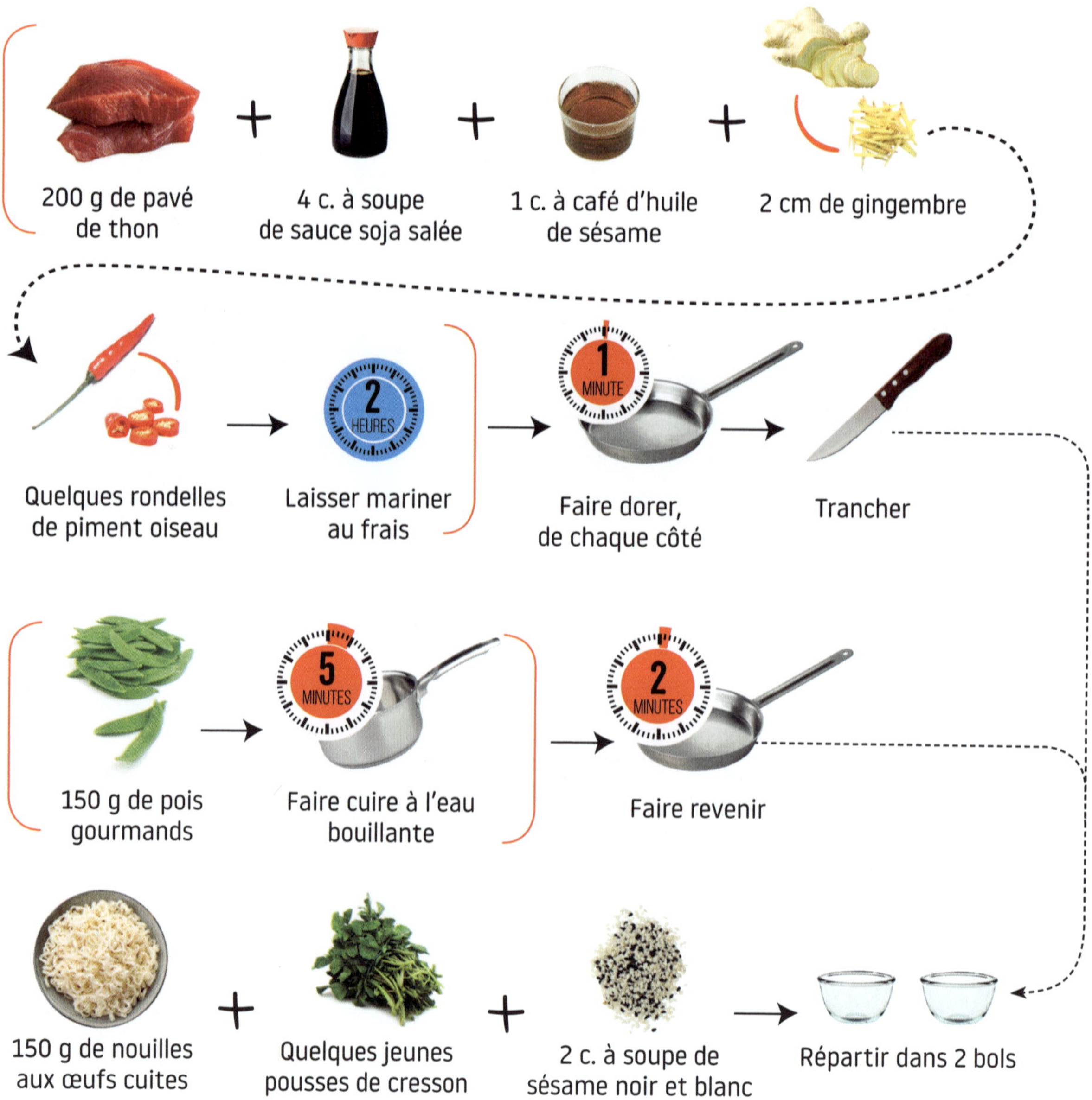

POUR 2 PERSONNES
PRÉPARATION : 10 MIN
MARINADE : 2 H
CUISSON : 9 MIN

- 200 g de pavé de thon
- 4 c. à soupe de sauce soja salée
- 1 c. à café d'huile de sésame
- 2 cm de gingembre
- Quelques rondelles de piment oiseau
- 150 g de pois gourmands
- 150 g de nouilles aux œufs cuites
- Quelques jeunes pousses de cresson
- 2 c. à soupe de sésame noir et blanc

25 NOUILLES SOBA, *thon mariné et crudités*

2 pavés de thon

+

1 filet de jus de citron

+

1 c. à soupe d'huile de sésame

+

2 c. à soupe de sauce soja salée

+

1 oignon nouveau

+

→

Laisser mariner au frais

250 g de nouilles soba cuites

+

1 carotte

+

½ concombre

+

15 radis

Répartir dans 2 bols

POUR 2 PERSONNES
PRÉPARATION : 15 MIN
MARINADE : 1 H

- 2 pavés de thon
- 1 filet de jus de citron
- 1 c. à soupe d'huile de sésame
- 2 c. à soupe de sauce soja salée
- 1 oignon nouveau
- 250 g de nouilles soba cuites
- 1 carotte
- ½ concombre
- 15 radis

26 POKE AU THON,

mangue et riz

250 g de pavés de thon

\+

Le zeste de ½ citron vert

\+

Le jus de 2 citrons verts

\+

½ oignon rouge

\+

3 c. à soupe d'huile d'olive

→

Laisser mariner au frais

3 verres de riz noir cuit

\+

½ mangue

\+

Quelques brins de ciboulette

\+

Baies roses

Répartir dans 2 bols

POUR 2 PERSONNES
PRÉPARATION : 10 MIN
MARINADE : 2 H

- 250 g de pavés de thon
- 2 citrons verts
- ½ oignon rouge
- 3 c. à soupe d'huile d'olive
- 3 verres de riz noir cuit
- ½ mangue
- Quelques brins de ciboulette
- Quelques baies roses

27 CABILLAUD, ASPERGES
et crudités

1 botte
d'asperges vertes

→

à la vapeur

→

Couper
en morceaux

450 g de dos
de cabillaud

→

à la vapeur

→

Retirer la peau

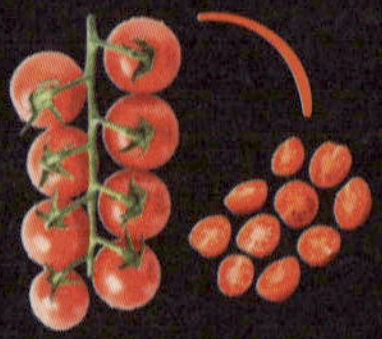

300 g de tomates
cerises

\+

½ botte
de radis

Répartir dans 4 bols

\+

3 c. à soupe
de vinaigrette

POUR 4 PERSONNES
PRÉPARATION : 10 MIN
CUISSON : 13 MIN

- 1 botte d'asperges vertes
- 450 g de dos de cabillaud
- 300 g de tomates cerises
- ½ botte de radis
- 3 c. à soupe de vinaigrette

28 CABILLAUD AUX LÉGUMES
grillés et boulgour

1 courgette + 3 tomates + ½ poivron + ½ oignon rouge

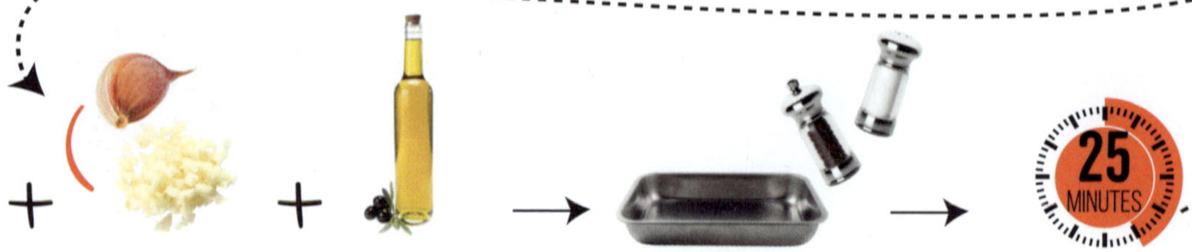

+ 1 gousse d'ail + 2 c. à soupe d'huile d'olive → Plat de cuisson → Au four, à 180 °C

2 filets de cabillaud sans peau + 1 citron + 2 c. à soupe d'huile d'olive + 4 brins de thym

Au four, à 180 °C + 3 verres de boulgour cuit → Répartir dans 2 bols

POUR 2 PERSONNES
PRÉPARATION : 20 MIN
CUISSON : 37 MIN

- 1 courgette
- 3 tomates
- ½ poivron
- ½ oignon rouge
- 1 gousse d'ail
- 4 c. à soupe d'huile d'olive
- 2 filets de cabillaud sans peau
- 1 citron
- 4 brins de thym
- 3 verres de boulgour cuit

29 POKE DORADE
et ananas

500 g de filet de dorade

\+

2 c. à soupe de sauce teriyaki

\+

1 c. à soupe d'huile de sésame

→

Laisser mariner au frais

120 g d'ananas

\+

1 courgette

\+

1 poivron rouge

\+

1 filet d'huile neutre

Faire griller à feu vif

\+

1 c. à soupe de sauce soja sucrée

→

Laisser caraméliser

600 g de riz complet cuit

\+

1 c. à soupe de vinaigre de riz

→

Répartir dans 4 bols

POUR 4 PERSONNES
PRÉPARATION : 15 MIN
MARINADE : 1 H
CUISSON : 7 MIN

- 500 g de filets de dorade
- 2 c. à soupe de sauce teriyaki
- 1 c. à soupe d'huile de sésame
- 120 g d'ananas
- 1 courgette
- 1 poivron rouge
- 1 filet d'huile neutre
- 1 c. à soupe de sauce soja sucrée
- 600 g de riz complet cuit
- 1 c. à soupe de vinaigre de riz

30 ROUGET, ÉPEAUTRE
et tartare de tomates

1 c. à soupe d'huile d'olive

8 filets de rouget

3 min sur chaque face, à feu vif

8 c. à soupe d'huile d'olive

2 c. à soupe de vinaigre de cidre

2 c. à café de miel

2 verres d'épeautre cuit

4 tomates

20 olives noires

Quelques baies roses

2 c. à soupe de graines de lin

4 brins de persil

Répartir dans 4 bols

POUR 4 PERSONNES
PRÉPARATION : 10 MIN
CUISSON : 6 MIN

- 9 c. à soupe d'huile d'olive
- 8 filets de rouget
- 2 c. à soupe de vinaigre de cidre
- 2 c. à café de miel
- 2 verres d'épeautre cuit
- 4 tomates
- 20 olives noires
- Quelques baies roses
- 2 c. à soupe de graines de lin
- 4 brins de persil

31 CREVETTES, BETTERAVE

et nems façon bo bun

4 carottes

\+

4 c. à soupe de cassonade

\+

4 c. à soupe de vinaigre de riz

\+

2 c. à soupe de jus de citron vert

\+

4 c. à soupe de nuoc-mâm

\+

4 c. à soupe d'eau

→

8 nems aux légumes cuits

\+

500 g de vermicelles de riz cuits

\+

1 betterave chioggia

\+

2 salades sucrines

\+

500 g de crevettes roses décortiquées

\+

Quelques feuilles de menthe

→

Répartir dans 4 bols

POUR 4 PERSONNES
PRÉPARATION : 20 MIN

- 4 carottes
- 4 c. à soupe de cassonnade
- 4 c. à soupe de vinaigre de riz
- 2 c. à soupe de jus de citron vert
- 4 c. à soupe de nuoc-mâm
- 8 nems aux légumes cuits
- 500 g de vermicelles de riz cuits
- 1 betterave chioggia
- 2 salades sucrines
- 500 g de crevettes roses décortiquées
- Quelques feuilles de menthe

32 CREVETTES COCO

au gingembre, petits pois

POUR 2 PERSONNE
PRÉPARATION : 15 MIN
CUISSON : 17 MIN

- 1 gousse d'ail
- 3 cm de gingembre
- 1 c. à soupe d'huile d'olive
- 10 crevettes roses décortiquées
- 40 cl de lait de coco
- 1 citron
- 200 g de petits pois
- 3 verres de riz semi-complet cuit
- 1 c. à soupe de noix de cajou concassées
- 3 brins de coriandre

33 FAÇON RIZ SAUTÉ

aux crevettes, soja et et petits pois

24 crevettes crues décortiquées

\+

1 échalote

\+

1 filet d'huile de sésame

→

Faire sauter

\+

1 carotte

\+

150 g de petits pois

\+

150 g de pois gourmands

\+

100 g de pousses de soja

Faire blanchir à l'eau salée bouillante

\+

700 g de riz rouge cuit

→

Faire revenir

\+

2 c. à soupe de sauce soja salée

Faire revenir

\+

Quelques feuilles de basilic thaï

→

Répartir dans 4 bols

POUR 4 PERSONNES
PRÉPARATION : 15 MIN
CUISSON : 15 MIN

- 24 crevettes crues décortiquées
- 1 échalote
- 1 filet d'huile de sésame
- 1 carotte
- 150 g de petits pois
- 150 g de pois gourmands
- 100 g de pousses de soja
- 700 g de riz rouge cuit
- 2 c. à soupe de sauce soja salée
- Quelques feuilles de basilic thaï

34 MILLET, CREVETTES,

mangue, concombre et avocat

½ avocat

\+

1 filet de jus de citron vert

\+

60 g de millet cuit

\+

200 g de crevettes roses décortiquées

\+

½ mangue

\+

¼ de concombre

\+

1 filet d'huile d'olive

\+

1 filet de jus de citron vert

\+

Quelques noix de cajou

Répartir dans 2 bols

POUR 2 PERSONNES
PRÉPARATION : 10 MIN

- ½ avocat
- 2 filets de jus de citron vert
- 60 g de millet cuit
- 200 g de crevettes roses décortiquées
- ½ mangue
- ¼ de concombre
- 1 filet d'huile d'olive
- Quelques noix de cajou

35 TOFU FUMÉ, LENTILLES,
patates douces et avocat

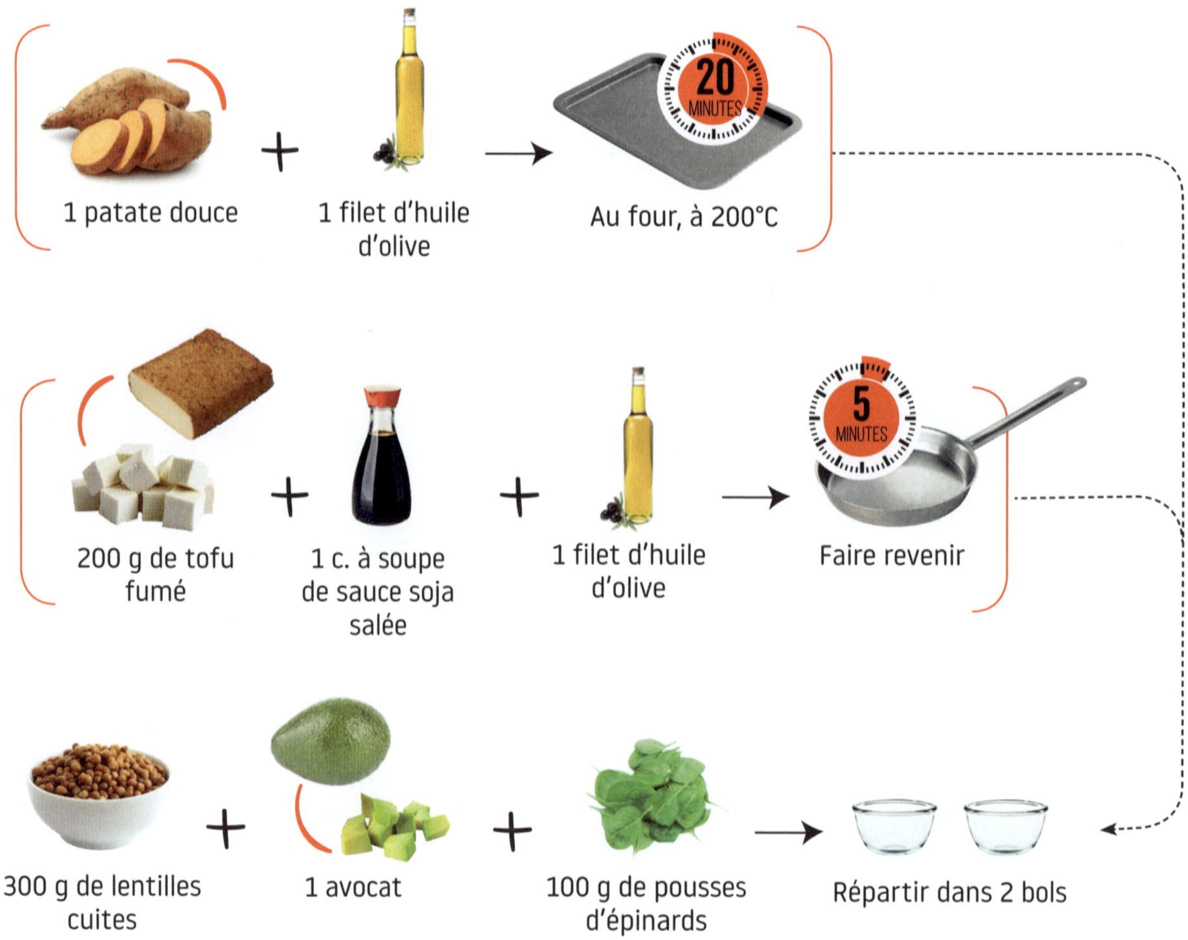

POUR 2 PERSONNES
PRÉPARATION : 15 MIN
CUISSON : 25 MIN

- 1 patate douce
- 2 filets d'huile d'olive
- 200 g de tofu fumé
- 1 c. à soupe de sauce soja salée
- 300 g de lentilles cuites
- 1 avocat
- 100 g de pousses d'épinards

36 FAÇON BO BUN VEGGIE

au tofu mariné

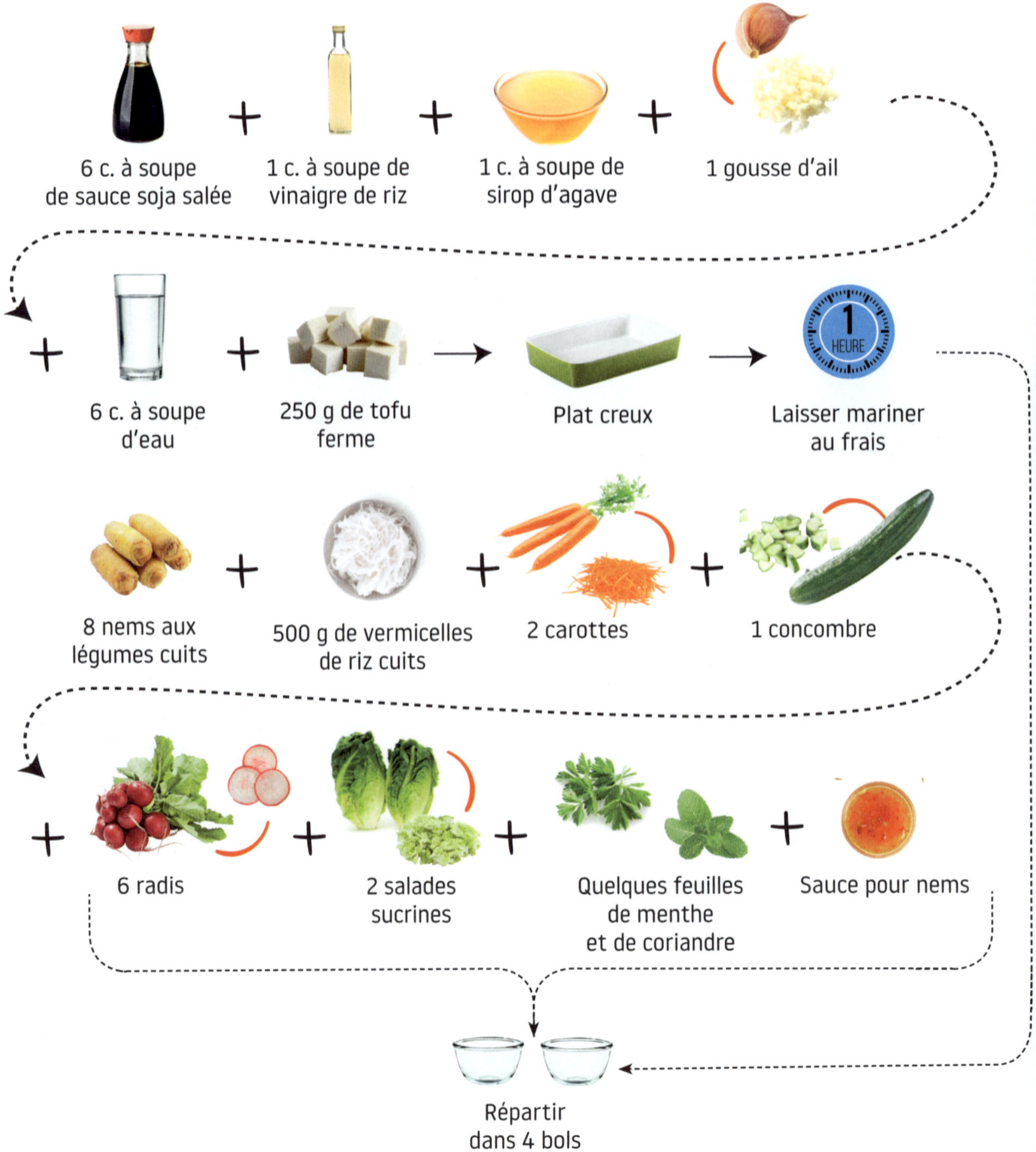

POUR 4 PERSONNES
PRÉPARATION : 15 MIN
MARINADE : 1 H

- 6 c. à soupe de sauce soja salée
- 1 c. à soupe de vinaigre de riz
- 1 c. à soupe de sirop d'agave
- 1 gousse d'ail
- 250 g de tofu nature
- 8 nems aux légumes cuits
- 500 g de vermicelles de riz cuits
- 2 carottes
- 1 concombre
- 6 radis
- 2 salades sucrines
- Quelques feuilles de menthe et de coriandre
- Sauce pour nems

37 TOFU, RIZ SAUVAGE,
légumes et œuf au plat

PPOUR 4 PERSONNES
PRÉPARATION : 15 MIN
CUISSON : 10 MIN

- 4 feuilles de chou kale
- 1 filet d'huile d'olive
- 150 g de champignons shiitaké
- 1 c. à soupe de sauce soja salée
- 1 c. à soupe de sucre de canne
- 4 œufs
- 1 filet d'huile d'olive
- 400 g de riz sauvage cuit
- 250 g de tofu ferme
- 2 carottes
- 100 g de radis blanc
- 1 feuille de nori
- Graines de sésame noir et blanc

38 TOFU, RATATOUILLE
et quinoa

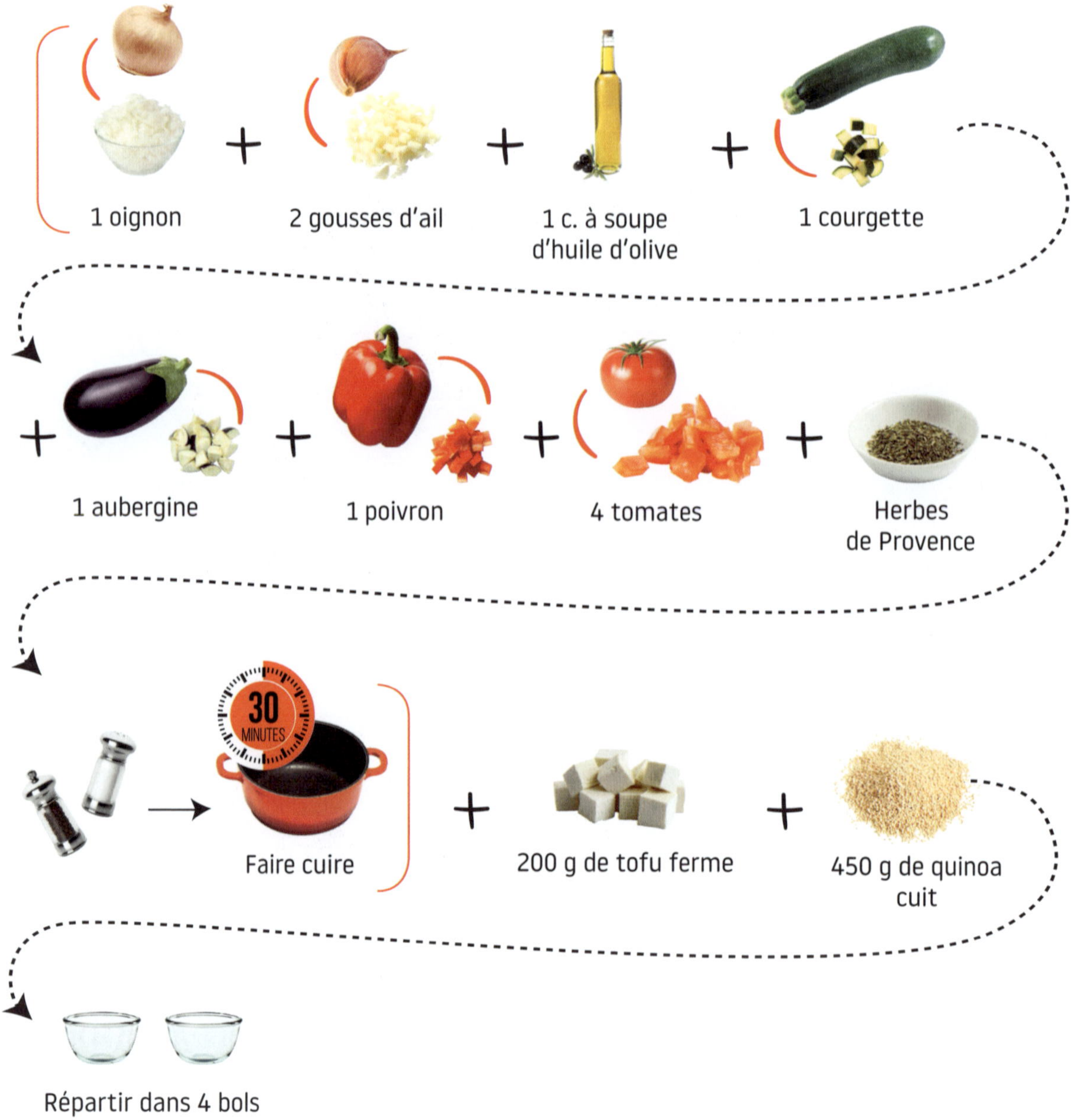

POUR 4 PERSONNES
PRÉPARATION : 15 MIN
CUISSON : 30 MIN

- 1 oignon
- 2 gousses d'ail
- 1 c. à soupe d'huile d'olive
- 1 courgette
- 1 aubergine
- 1 poivron
- 4 tomates
- Herbes de Provence
- 200 g de tofu ferme
- 450 g de quinoa cuit

39 TOFU GRILLÉ,
nouilles soba et shiitakés

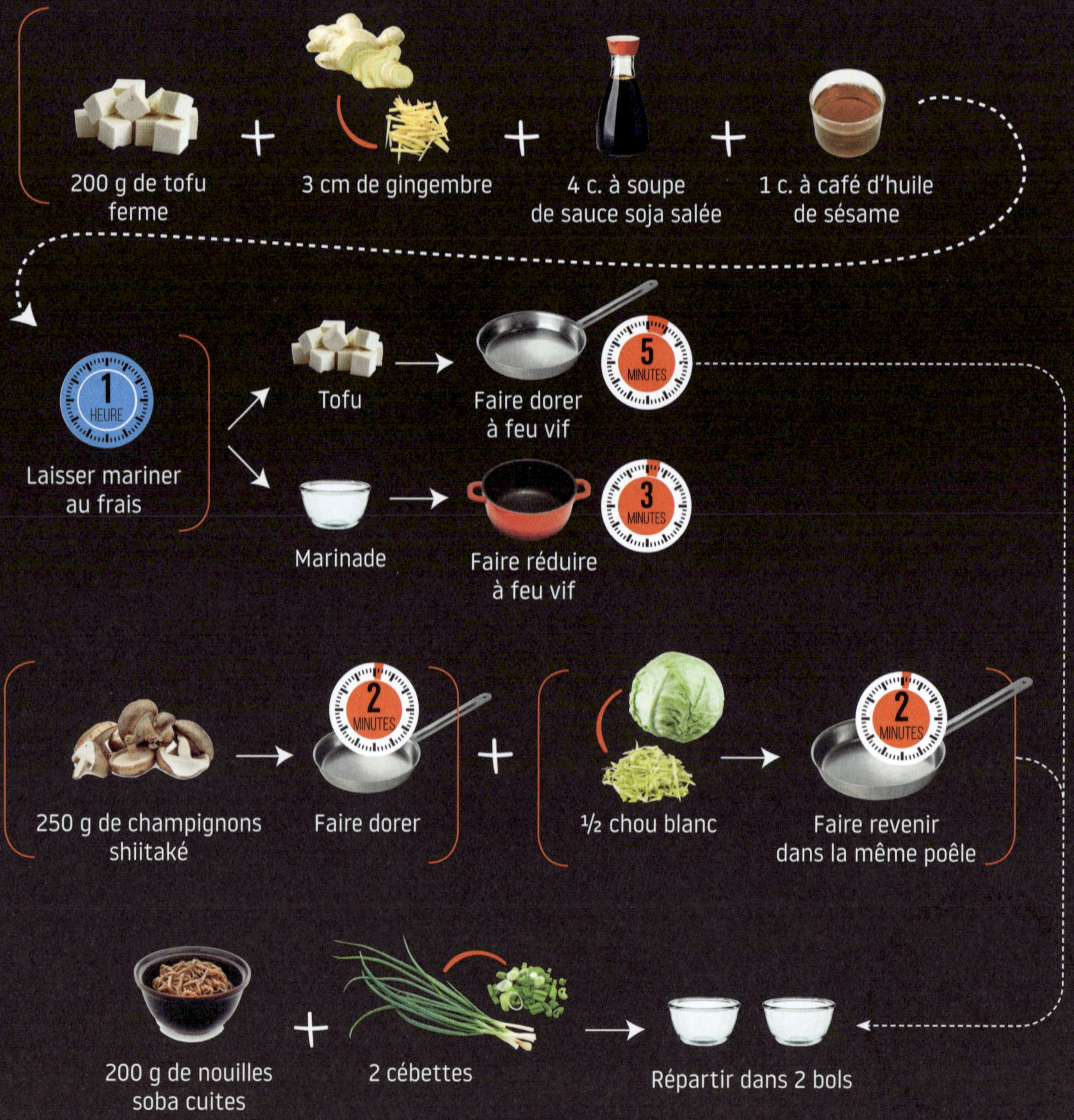

POUR 2 PERSONNES
PRÉPARATION : 15 MIN
MARINADE : 1 H
CUISSON : 12 MIN

- 200 g de tofu ferme
- 3 cm de gingembre
- 4 c. à soupe de sauce soja salée
- 1 c. à café d'huile de sésame
- 250 g de champignons shiitaké
- ½ chou blanc
- 200 g de nouilles soba cuites
- 2 cébettes

40 RIZ SAUVAGE, AVOCAT

tomates cerises et gingembre

2 petits piments rouges

+

4 cm de gingembre

+

½ c. à café de sel

→

Mixer grossièrement

+

200 g de tomates cerises

→

Mixer grossièrement

+

1 gros avocat

→

Mixer grossièrement

+

2 oignons nouveaux

+

1 c. à soupe d'huile d'olive

→

Mélanger

500 g de riz sauvage cuit

+

Quelques feuilles de coriandre

→

Répartir dans 4 bols

POUR 4 PERSONNES
PRÉPARATION : 20 MIN

- 2 petits piments rouges
- 4 cm de gingembre
- ½ c. à café de sel
- 200 g de tomates cerises
- 1 gros avocat
- 2 oignons nouveaux
- 1 c. à soupe d'huile d'olive
- 500 g de riz sauvage cuit
- Quelques feuilles de coriandre

41 RIZ COMPLET, CAROTTE,
avocat, boumous et courgette

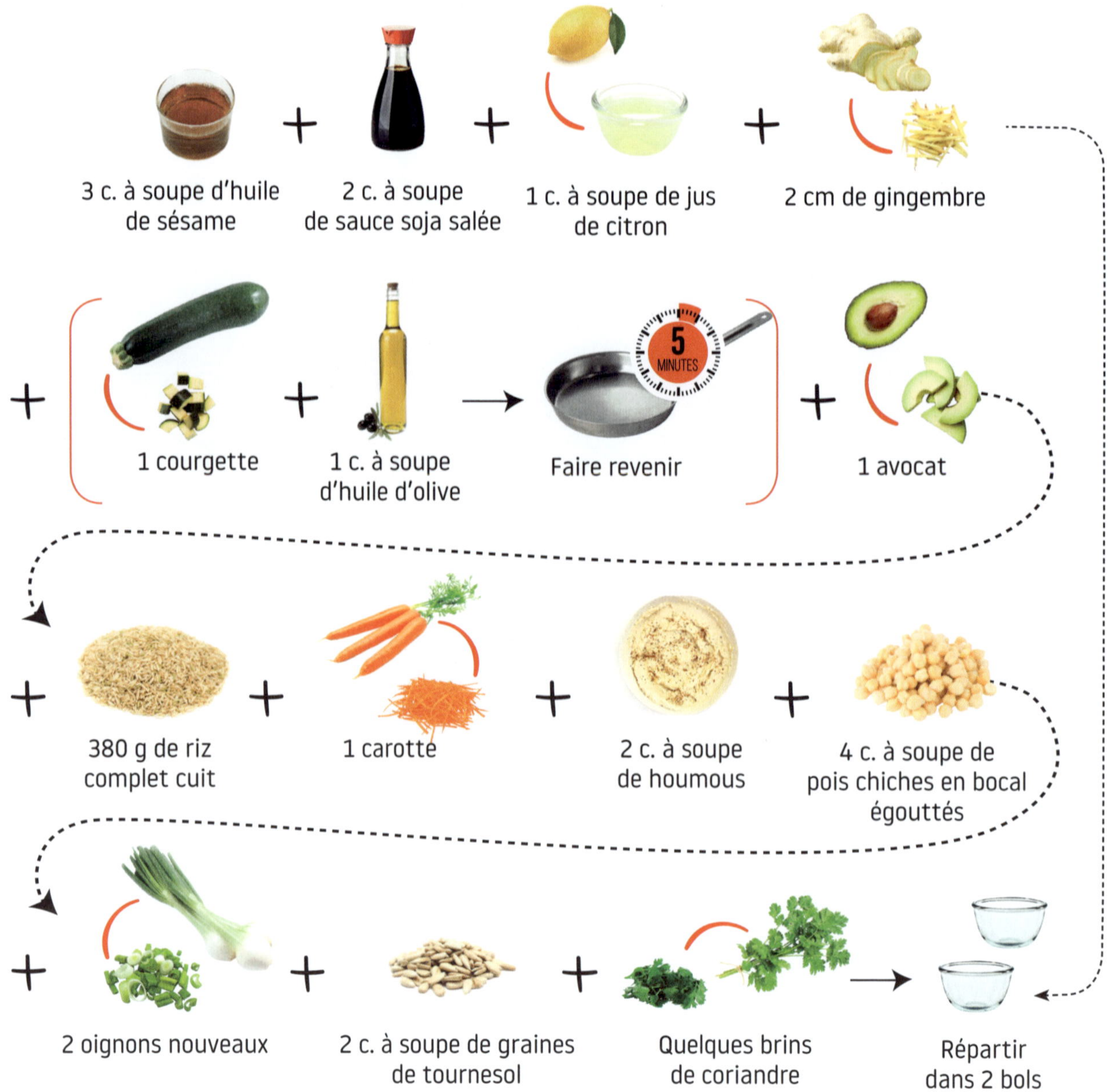

POUR 2 PERSONNES
PRÉPARATION : 20 MIN
CUISSON : 5 MIN

- 3 c. à soupe d'huile de sésame
- 2 c. à soupe de sauce soja salée
- 1 c. à soupe de jus de citron
- 2 cm de gingembre
- 1 courgette
- 1 c. à soupe d'huile d'olive
- 1 avocat
- 380 g de riz complet cuit
- 1 carotte
- 2 c. à soupe de houmous
- 4 c. à soupe de pois chiches en bocal égouttés
- 2 oignons nouveaux
- 2 c. à soupe de graines de tournesol
- Quelques brins de coriandre

42 POIS CHICHES AU CURRY,
riz et épinards

400 g de pois chiches en bocal égouttés + 40 cl de sauce tomate + 3 cm de gingembre + 1 c. à soupe de curry en poudre

Laisser mijoter à couvert

100 g de yaourt à la grecque + ½ bouquet de coriandre + Le jus de ¼ de citron + 1 c. à café d'huile d'olive

3 verres de riz basmati cuit + 200 g de pousses d'épinards → Répartir dans 2 bols

POUR 2 PERSONNES
PRÉPARATION : 10 MIN
CUISSON : 15 MIN

- 400 g de pois chiches en bocal égouttés
- 40 cl de sauce tomate
- 3 cm de gingembre
- 1 c. à soupe de curry en poudre
- 100 g de yaourt à la grecque
- ½ bouquet de coriandre
- ¼ de citron
- 1 c. à café d'huile d'olive
- 3 verres de riz basmati cuit
- 200 g de pousses d'épinards

43 POIS CHICHES AU PAPRIKA,
quinoa, œuf mollet et betterave

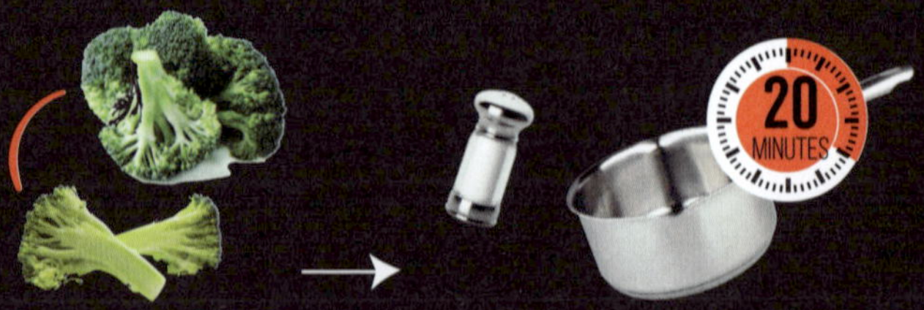

1 petit brocoli → Faire cuire à l'eau bouillante

2 œufs → Faire cuire à l'eau bouillante → Écaler

120 g de pois chiches en bocal égouttés + 1 filet d'huile d'olive + 1 c. à café de paprika + 1 pincée de cumin

480 g de quinoa cuit + 1 betterave cuite + Quelques brins de coriandre → Répartir dans 2 bols

POUR 2 PERSONNES
PRÉPARATION : 15 MIN
CUISSON : 27 MIN

- 1 petit brocoli
- 2 œufs
- 120 g de pois chiches en bocal égouttés
- 1 filet d'huile d'olive
- 1 c. à café de paprika
- 1 pincée de cumin
- 480 g de quinoa cuit
- 1 betterave cuite
- Quelques brins de coriandre

44 POIS CHICHES, AVOCAT,

grenade, sauce au sésame

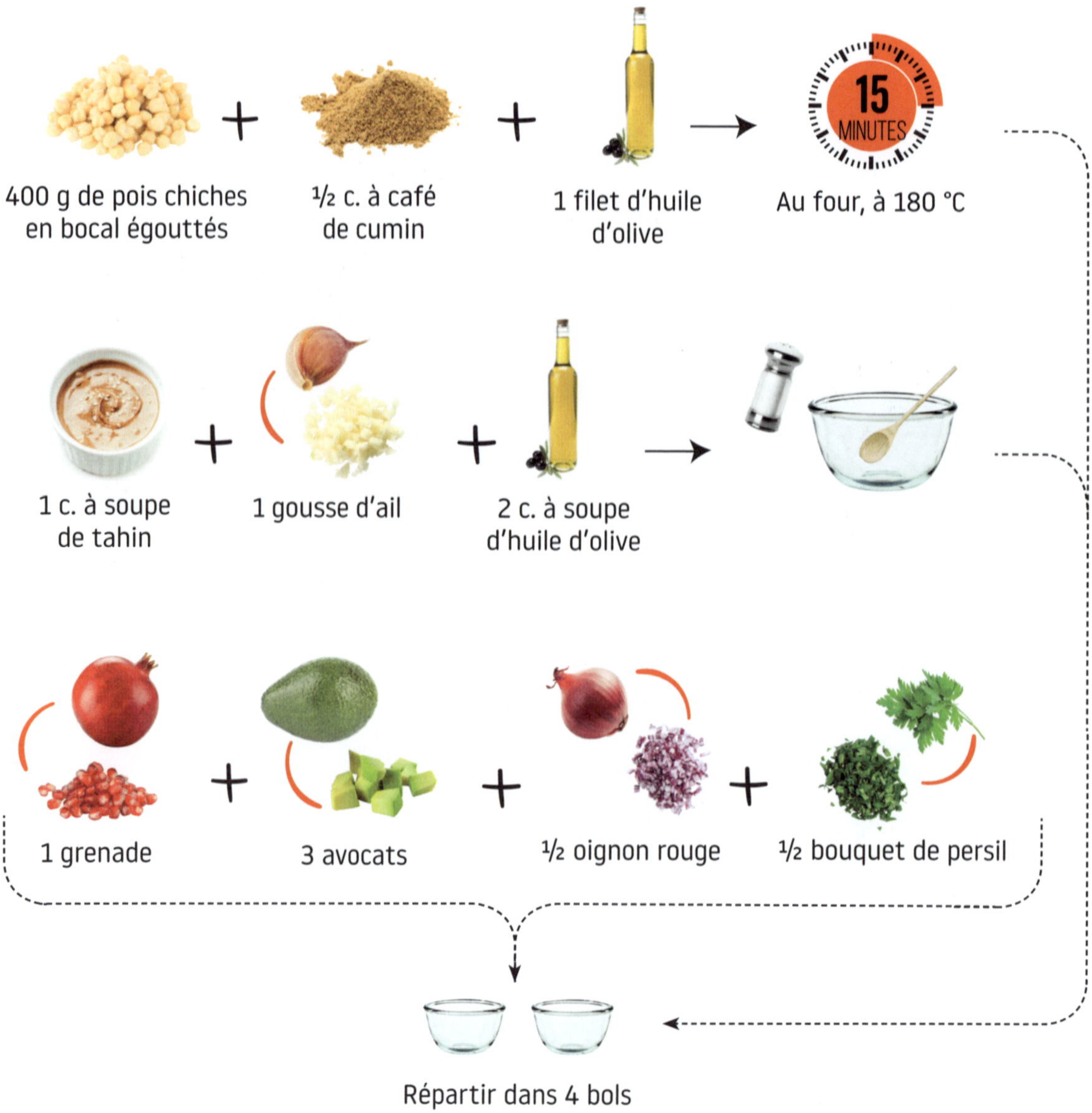

POUR 4 PERSONNES
PRÉPARATION : 20 MIN
CUISSON : 15 MIN

- 400 g de pois chiches en bocal égouttés
- ½ c. à café de cumin
- 2 c. à soupe + 1 filet d'huile d'olive
- 1 c. à soupe de tahin (purée de sésame)
- 1 gousse d'ail
- 1 grenade
- 3 avocats
- ½ oignon rouge
- ½ bouquet de persil

45 POIS CHICHES, MILLET, *potimarron et chèvre frais*

180 g de millet cuit

\+

240 g de pois chiches en bocal égouttés

\+

1 pincée de cumin en poudre

\+

1 pincée de curry en poudre

\+

1 filet d'huile neutre

→

Faire revenir

\+

350 g de potimarron

\+

1 oignon rouge

\+

2 c. à soupe de sirop d'érable

\+

2 c. à soupe d'huile d'olive

→

Au four, à 200 °C

60 g de chèvre frais

\+

Quelques brins de coriandre

\+

2 c. à soupe de graines de tournesol

→

Répartir dans 2 bols

POUR 2 PERSONNES
PRÉPARATION : 20 MIN
CUISSON : 50 MIN

- 180 g de millet cuit
- 240 g de pois chiches en bocal égouttés
- 1 pincée de cumin en poudre
- 1 pincée de curry en poudre
- 1 filet d'huile neutre
- 350 g de potimarron
- 1 oignon rouge
- 2 c. à soupe de sirop d'érable
- 2 c. à soupe d'huile d'olive
- 60 g de chèvre frais
- Quelques brins de coriandre
- 2 c. à soupe de graines de tournesol

46 FALAFELS, TABOULÉ
et chou-fleur

2 tomates + ½ oignon rouge + ¼ bouquet de coriandre + ¼ bouquet de persil

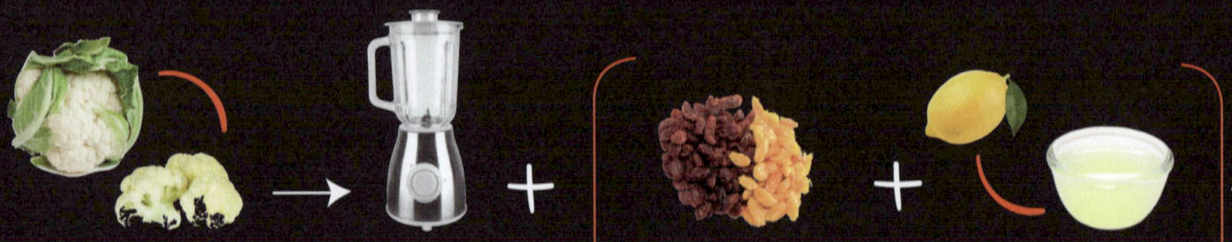

½ chou-fleur → Mixer + (1 c. à café de raisins secs + Le jus de ½ citron)

8 falafels du commerce + 1 filet d'huile d'olive →

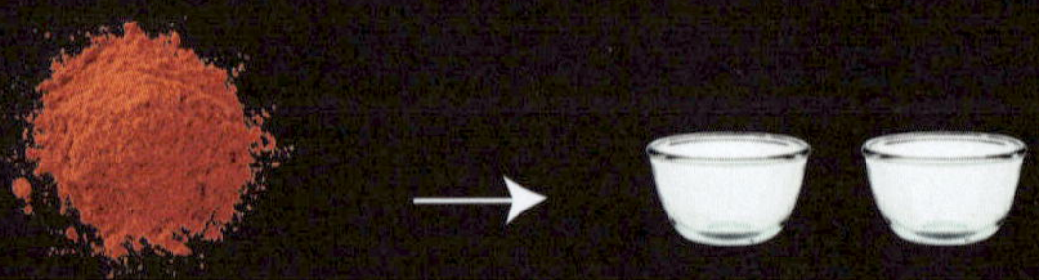

1 c. à café de paprika → Répartir dans 2 bols

POUR 2 PERSONNES
PRÉPARATION : 15 MIN
CUISSON : 5 MIN

- 2 tomates
- ½ oignon rouge
- ¼ de bouquet de coriandre
- ¼ de bouquet de persil
- ½ chou-fleur
- 1 c. à café de raisins secs
- ½ citron
- 8 falafels du commerce
- 1 filet d'huile d'olive
- 1 c. à café de paprika

47 LENTILLES, CAROTTE,
pomme et épeautre

4 c. à soupe d'huile d'olive + 1 c. à soupe de vinaigre de cidre + 1 c. à café de miel + 1 c. à café de moutarde douce

350 g de lentilles cuites + 2 verres d'épeautre cuit + 1 pomme + 1 carotte

20 g de graines de courge + 1 citron + 2 brins d'aneth → Répartir dans 2 bols

POUR 2 PERSONNES
PRÉPARATION : 15 MIN

- 4 c. à soupe d'huile d'olive
- 1 c. à soupe de vinaigre de cidre
- 1 c. à café de miel
- 1 c. à café de moutarde douce
- 350 g de lentilles cuites
- 2 verres d'épeautre cuit
- 1 pomme
- 1 carotte
- 20 g de graines de courge
- 1 citron
- 2 brins d'aneth

48 LENTILLES,
légumes du soleil et feta

150 g de lentilles cuites

+

120 g de petit épeautre cuit

+

1 petit poivron

+

¼ de concombre

+

12 tomates cerises

+

1 c. à soupe d'huile d'olive

→

Quelques feuilles de roquette

+

40 g de feta

+

1 filet de vinaigre balsamique

→

Répartir dans 2 bols

POUR 2 PERSONNES
PRÉPARATION : 15 MIN

- 150 g de lentilles cuites
- 120 g de petit épeautre cuit
- 1 petit poivron
- ¼ de concombre
- 12 tomates cerises
- 1 c. à soupe d'huile d'olive
- Quelques feuilles de roquette
- 40 g de feta
- 1 filet de vinaigre balsamique

49 PATATE DOUCE,
lentilles, feta et avocat

POUR 2 PERSONNES
PRÉPARATION : 15 MIN
CUISSON : 30 MIN

- 350 g de patate douce
- 1 pincée de paprika
- 2 c. à soupe d'huile d'olive
- 300 de lentilles cuites
- 1 avocat
- 1 c. à soupe de jus de citron
- 60 g de feta
- 6 noix
- Quelques pousses d'alfalfa (facultatif)

50 BOULGOUR, BETTERAVE

et œufs mollets

2 œufs → Cuire à l'eau bouillante → Écaler

100 g de yaourt à la grecque + 1 gousse d'ail + 1 filet de jus de citron + 1 c. à soupe de tahin

300 g de boulgour cuit + 1 betterave cuite + 12 radis + 2 poignées de roquette

Répartir dans 2 bols

PRÉPARATION : 15 MIN
CUISSON : 6 MIN

- 2 œufs
- 100 g de yaourt à la grecque
- 1 gousse d'ail
- 1 filet de jus de citron
- 1 c. à soupe de tahin (purée de sésame)
- 300 g de boulgour cuit
- 1 betterave cuite
- 12 radis
- 2 poignées de roquette

51 QUINOA
à la mexicaine

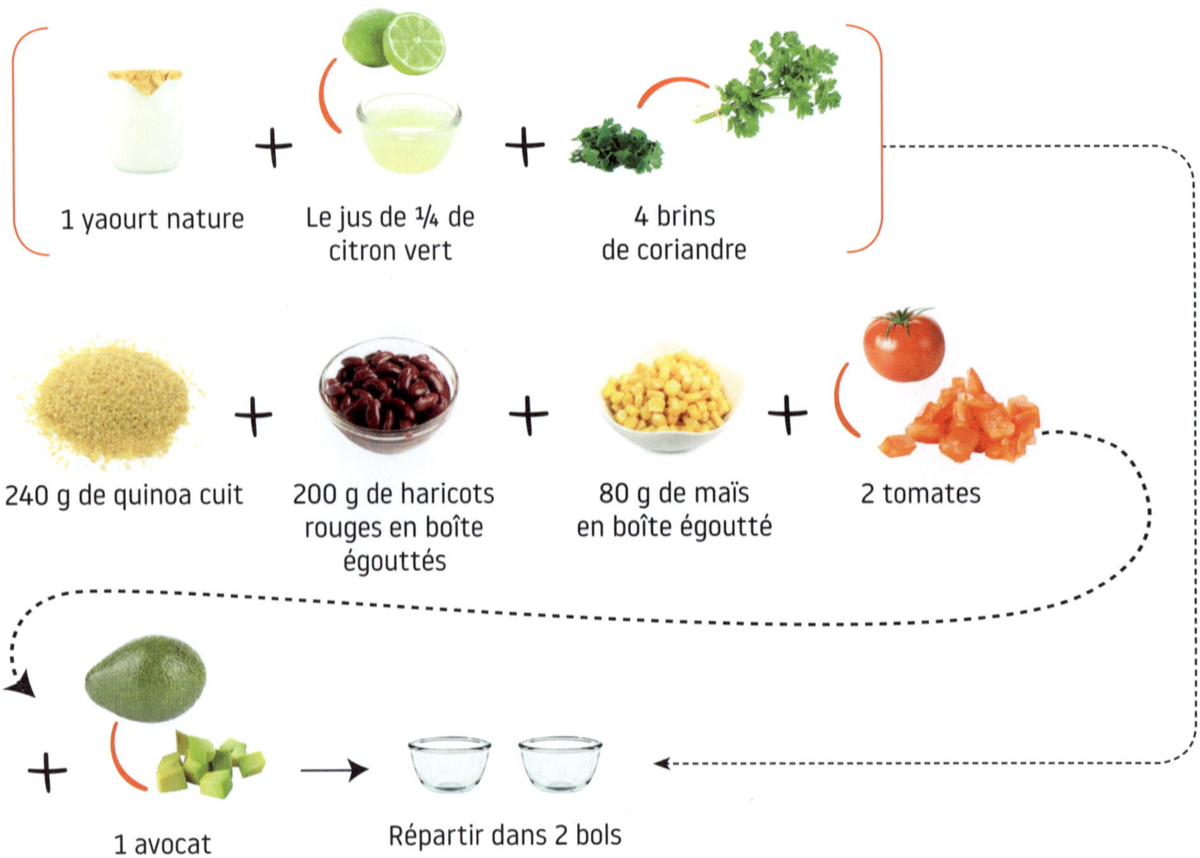

POUR 2 PERSONNES
PRÉPARATION : 15 MIN

- 1 yaourt nature
- le jus d'¼ de citron vert
- 4 brins de coriandre
- 240 g de quinoa cuit
- 200 g de haricots rouges en boîte égouttés
- 80 g de maïs en boîte égoutté
- 2 tomates
- 1 avocat

52 ÉPEAUTRE, RADIS, *concombre et feta*

+

+

+

240 g d'épeautre cuit

½ concombre

½ botte de radis

1 gousse d'ail

+

+

+

2 brins d'aneth

2 brins de menthe

3 c. à soupe de jus de citron

2 c. à soupe d'huile d'olive

+ 

60 g de feta

→ 

Répartir dans 2 bols

POUR 2 PERSONNES
PRÉPARATION : 15 MIN

- 240 g d'épeautre cuit
- ½ concombre
- ½ botte de radis
- 1 gousse d'ail
- 2 brins d'aneth
- 2 brins de menthe
- 3 c. à soupe de jus de citron
- 2 c. à soupe d'huile d'olive
- 60 g de feta

53 PÂTES, TOMATES,
courgette, haricots et basilic

POUR 2 PERSONNES
PRÉPARATION : 15 MIN
CUISSON : 5 MIN

- 2 filets d'huile d'olive
- 1 courgette
- 1 gousse d'ail
- 2 tomates
- Quelques feuilles de basilic
- 200 de haricots rouges en boîte égouttés
- Quelques brins de persil
- 1 filet de jus de citron
- 200 g d'orecchiette cuites
- 4 c. à café de parmesan râpé

54 PÂTES AU PESTO,
mozzarella et courgette grillée

1 courgette

+

1 filet d'huile d'olive

→

Faire dorer

200 g de pâtes cuites

+

200 g de pesto

+

6 billes de mozzarella

+

20 g de pignons de pin

+

10 feuilles de basilic

→

Répartir dans 2 bols

POUR 2 PERSONNES
PRÉPARATION : 10 MIN
CUISSON : 10 MIN

- 1 courgette
- 1 filet d'huile d'olive
- 200 g de pâtes cuites
- 200 g de pesto
- 6 billes de mozzarella
- 20 g de pignons de pin
- 10 feuilles de basilic

55 LÉGUMES MARINÉS
et crudités façon antipasti

100 g d'artichauts à l'huile

+

100 g de poivrons grillés à l'huile

→

+

200 g de roquette

+

5 tomates

+

4 c. à soupe de vinaigrette

+

1 poignée de pignons de pin

+

1 poignée de grosse câpres à queue

+

½ bouquet de basilic

+

100 g de copeaux de parmesan

→

Répartir dans 4 bols

POUR 4 PERSONNES
PRÉPARATION : 15 MIN

- 100 d'artichauts à l'huile
- 100 g de poivrons grillés à l'huile
- 200 g de roquette
- 5 tomates
- 4 c. à soupe de vinaigrette
- 1 poignée de pignons de pin
- 1 poignée de grosses câpres à queue
- ½ bouquet de basilic
- 100 de copeaux de parmesan

56 PETITS POIS,
haricots plats et avocat

200 g de petits pois

→

Plonger dans 1 l d'eau bouillante salée

→

250 g de haricots plats

+

3 gousses d'ail

+

1 c. à soupe d'huile de sésame

→

à feu vif

2 avocats

+

10 brins de ciboulette

→

Répartir dans 4 bols

+

1 c. à soupe de crème fraîche pour servir

POUR 4 PERSONNES
PRÉPARATION : 10 MIN
CUISSON : 8 MIN

- 200 g de petits pois
- 250 g de haricots plats
- 3 gousses d'ail
- 1 c. à soupe d'huile de sésame
- 2 avocats
- 10 brins de ciboulette
- 1 c. à soupe de crème fraîche pour servir

57 SMOOTHIE BOWL

red fruits

½ banane

\+

15 cl de lait

\+

40 g de fruits rouges

\+

1 c. à soupe de miel liquide

→

Mixer

→

Verser dans 1 bol

\+

30 g de muesli

\+

1 c. à café de fruits rouges variés

\+

6 amandes

POUR 1 PERSONNE
PRÉPARATION : 10 MIN

- ½ banane
- 15 cl de lait
- 40 g + 1 c. à café de fruits rouges
- 1 c. à soupe de miel liquide
- 30 g de muesli
- 6 amandes

58 SMOOTHIE BOWL
mangue-banane

300 g de mangue fraîche ou surgelée

+

2 bananes

+

50 cl de boisson végétale à l'avoine

Mixer

→

Verser dans 2 bols

+

1 c. à soupe de baies de goji séchées

45 g de flocons d'avoine

+

1 poignée de framboises

+

2 c. à soupe de graines de chia

POUR 2 PERSONNES
PRÉPARATION : 10 MIN

- 300 g de mangue fraîche ou surgelée
- 2 bananes
- 50 cl de boisson végétale à l'avoine
- 1 c. à soupe de baies de goji séchées
- 45 g de flocons d'avoine
- 1 poignée de framboises
- 2 c. à soupe de graines de chia

59 SMOOTHIE BOWL

pêches-framboises

1 ½ pêche (ou nectarine) bien mûre

100 g de framboises

1 yaourt nature

Mixer

Verser dans 1 bol

½ pêche (ou nectarine) bien mûre

Quelques framboises

1 c. à café de graines de chia

POUR 1 PERSONNE
PRÉPARATION : 10 MIN

- 2 pêches ou nectarines
- 100 g de framboises
  + quelques framboises
- 1 yaourt nature
- 1 c. à café de graines de chia

60 CHIA PUDDING

au cacao et aux fruits rouges

1 c. à soupe de cacao
en poudre non sucré

+

60 cl boisson végétale
à l'amande

→

Fouetter pour obtenir
un mélange lisse

+

60 g de graines
de chia

+

2 c. à café de sirop
d'agave

→

Fouetter

Laisser reposer, en
remuant régulièrement

→

Verser dans 2 bols

→

Au frais

+

Quelques pépites
de chocolat noir

+

1 c. à soupe
de copeaux de noix
de coco

+

50 g de fruits rouges

POUR 2 PERSONNES
PRÉPARATION : 10 MIN
REPOS : 15 MIN
RÉFRIGÉRATION : 20 MIN

- 1 c. à soupe de cacao en poudre non sucré
- 60 cl de boisson végétale à l'amande
- 60 g de graines de chia
- 2 c. à café de sirop d'agave
- Quelques pépites de chocolat noir
- 1 c. à soupe de copeaux de noix de coco
- 50 g de fruits rouges

61 AÇAÏ BOWL
banane-kiwi

1 ½ kiwi

+

1 banane en rondelles congelée

+

2 c. à café de poudre d'açaï

+

15 cl de lait de coco

→

Mixer

→

Verser dans 1 bol

1 petite banane

+

½ kiwi

+

1 c. à café de noix de coco râpée

+

1 c. à soupe de quinoa soufflé (ou de riz soufflé)

POUR 1 PERSONNE
PRÉPARATION : 10 MIN

- 2 kiwis
- 1 banane congelée
  + 1 banane fraîche
- 2 c.à café de poudre d'açaï
- 15 cl de lait de coco
- 1 c. à café de noix de coco râpée
- 1 c. à soupe de quinoa soufflé
  (ou de riz soufflé)

62 PORRIDGE BOWL
à la cannelle

80 g de flocons d'avoine

+

1 bâton de cannelle

+

1 c. à soupe de cranberries séchées

+

2 c. à soupe de sirop d'érable

+

45 cl d'eau

→

Porter à ébullition, en remuant

→

Laisser mijoter à couvert, à feu doux, en remuant

→

Verser dans 2 bols

+

50 g de framboises

+

1 c. à soupe d'amandes émondées

+

1 c. à soupe de physalis séchés

+

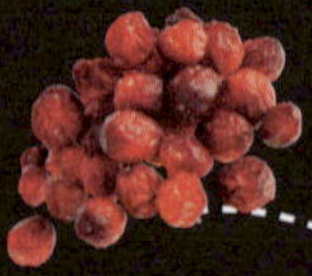

1 c. à soupe de cranberries séchées

+

2 c. à soupe de sirop d'érable

POUR 2 PERSONNES
PRÉPARATION : 10 MIN
CUISSON : 15 MIN

- 80 g de flocons d'avoine
- 1 bâton de cannelle
- 2 c. à soupe de cranberries séchées
- 4 c. à soupe de sirop d'érable
- 50 g de framboises
- 1 c. à soupe d'amandes émondées
- 1 c. à soupe de physalis séchés (facultatif)

63 PORRIDGE À L'AMANDE

et smoothie aux fruits rouges

30 g de flocons d'avoine

\+

1 c. à café d'amandes en poudre

\+

10 cl de boisson végétale à l'amande

→

Faire cuire à feu doux, en remuant

100 g de fruits rouges surgelés

\+

2 c. à soupe de fromage blanc

→

Mixer

Quelques fruits rouges frais

\+

3 amandes

→

Disposer dans 1 bol

POUR 1 PERSONNE
PRÉPARATION : 5 MIN
CUISSON : 3 MIN

- 30 g de flocons d'avoine
- 1 c. à café d'amandes en poudre
- 10 cl de boisson végétale à l'amande
- 100 g de fruits rouges surgelés
- 2 c. à soupe de fromage blanc
- Quelques fruits rouges frais
- 3 amandes

64 RIZ NOIR

au lait de coco et à la grenade

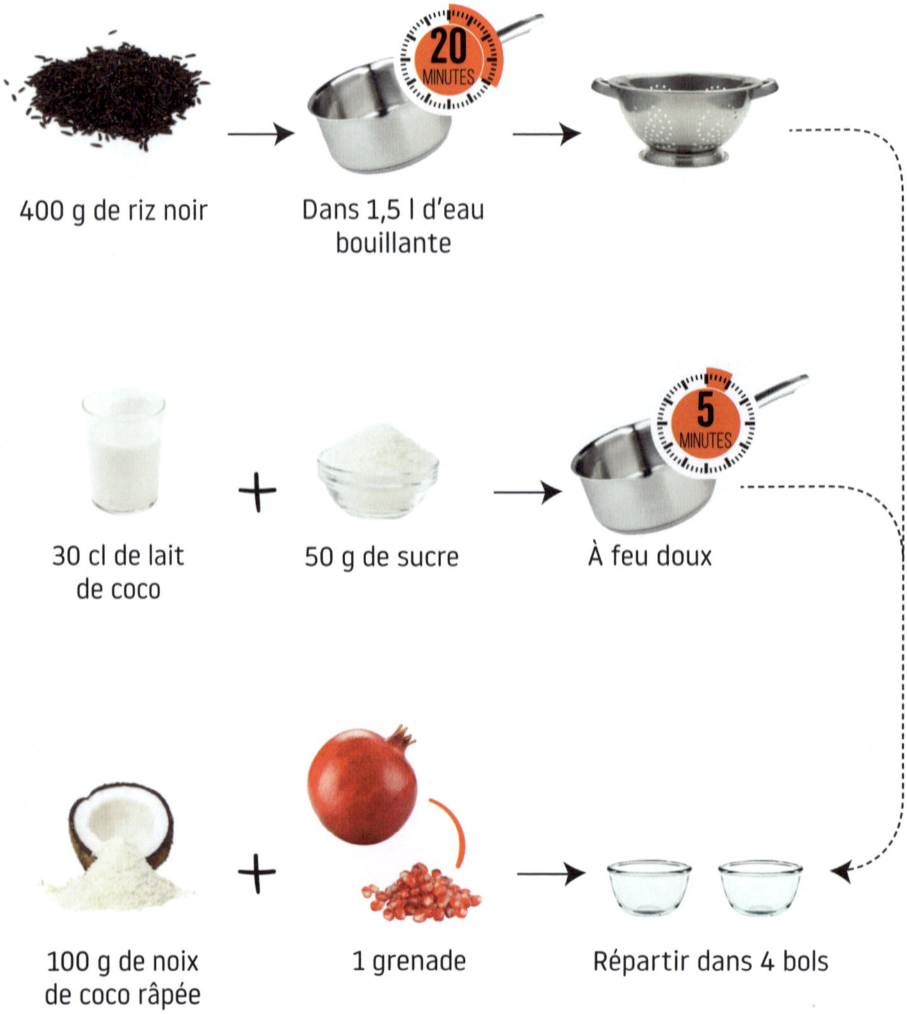

POUR 4 PERSONNES
PRÉPARATION : 5 MIN
CUISSON : 25 MIN

- 400 g de riz noir
- 30 cl de lait de coco
- 50 g de sucre
- 100 g de noix de coco râpée
- 1 grenade

65 SMOOTHIE BOWL
green

+

+

12 cl d'eau de coco

1 poignée de pousses d'épinards

½ banane

+

+

→

1 kiwi

1 tranche d'ananas frais

Mixer

+

+

+

Quelques lamelles de mangue

2 c. à soupe de granola

1 c. à café de graines de chia

Verser dans 1 bol

POUR 1 PERSONNE
PRÉPARATION : 10 MIN

- 12 cl d'eau de coco
- 1 poignée de pousses d'épinards
- ½ banane
- 1 kiwi
- 1 tranche d'ananas frais
- Quelques lamelles de mangue
- 2 c. à soupe de granola
- 1 c. à café de graines de chia

INDEX DES RECETTES PAR INGRÉDIENT

Découvrez les autres titres de la collection

LA CUISINE SANS BLA BLA

DÉCOUVREZ 200 NOUVELLES RECETTES DANS :

LA CUISINE SANS BLABLA – NOUVELLE ÉDITION (À PARAÎTRE, 2021)

LA CUISINE SANS BLABLA (2018)

DÉCOUVREZ 100 NOUVELLES RECETTES DANS :

COCKTAILS SANS BLABLA (À PARAÎTRE, 2021)

LA BONNE CUISINE SANS BLABLA MIJOTÉE EN FRANCE (2020)

LA CUISINE SANS BLABLA SPÉCIAL KIDS (2020)

DÉCOUVREZ 65 NOUVELLES RECETTES DANS :

PLANCHA (2021)

SALADES COMPLÈTES (2020)

TARTES ET PIZZAS (2020)

RECETTES DÉTOX (2020)

GÂTEAUX DE MAMIE (2020)

RECETTES POUR DÉBUTANTS (2019)

DESSERTS (2019)

RECETTES PETIT BUDGET (2019)

RECETTES EXPRESS (2019)

RECETTES VEGGIES (2019)

RECETTES LIGHT (2019)

PLATS DU SOIR (2019)

SOIRÉE APÉRO (2019)

CRÉDITS DES RECETTES © LAROUSSE

Amandine Bernardi : 09, 29, 34, 38, 48, 50, 51, 59, 61, 63 ; Audrey Cosson : 01, 02, 05, 07, 10, 12, 15, 16, 17, 20, 21, 24, 26, 28, 30, 32, 39, 42, 46, 47, 54, 58, 60, 62 ; Pauline Dubois : 13, 19, 22, 31, 33, 36, 37 ; Marine Durand : 14, 40, 44, 56 ; Elisabeth Gueddes : 04 ; Delphine Lebrun : 18, 25, 35, 43 ; Anne Loiseau : 11, 27, 55 ; Catherine Moreau : 64 ; Quitterie Pasquesoone : 03, 06, 41, 45, 49, 52, 53, 57, 65 ; Pierre-Louis Viel : 08 ; Béatrice Vigot-Lagandré : 23.

CRÉDITS DES PHOTOGRAPHIES © LAROUSSE

Delphine Constantini : 11, 27, 55 ; Charly Deslandes : 09, 29, 34, 38, 48, 50, 51, 59, 61, 63 ; Valéry Drouet : 08 ; Sophie Dumont : 18, 25, 35, 43 ; Claudia Gödke : 01, 02, 05, 07, 10, 12, 15, 16, 17, 20, 21, 24, 26, 28, 30, 32, 39, 42, 46, 47, 54, 58, 60, 62 ; Valéry Gueddes : 04 ; Amandine Honegger : 23 ; A. Jeannette : 03, 06, 41, 45, 49, 52, 53, 57, 65 ; Philippe Vaures : 64 ; Fabrice Veigas : 13, 14, 19, 22, 31, 33, 36, 37, 40, 44, 56.

CRÉDITS DES PACKSHOTS

© Larousse, © Shutterstock, © Thinkstock.

COUVERTURE

© Sophie Dumont ; © Shutterstock.

Direction de la publication : Isabelle Jeuge-Maynart et Ghislaine Stora
Direction éditoriale : Émilie Franc
Édition : Alice Delbarre
Direction artistique : Géraldine Lamy
Conception graphique : Valentine Antenni
Couverture : Claire Simonet
Adaptation et mise en pages : Lucile Jouret
Fabrication : Émilie Latour

ISBN : 978-2-03-600223-4
Photogravure IGS-CP, 16 L'Isle d'Espagnac
Imprimé en Espagne par Estella Graficas
Dépôt légal : mai 2021
327740/02 – 11048680– septembre 2021